AF305546

Coquilles de Bonnac 1707

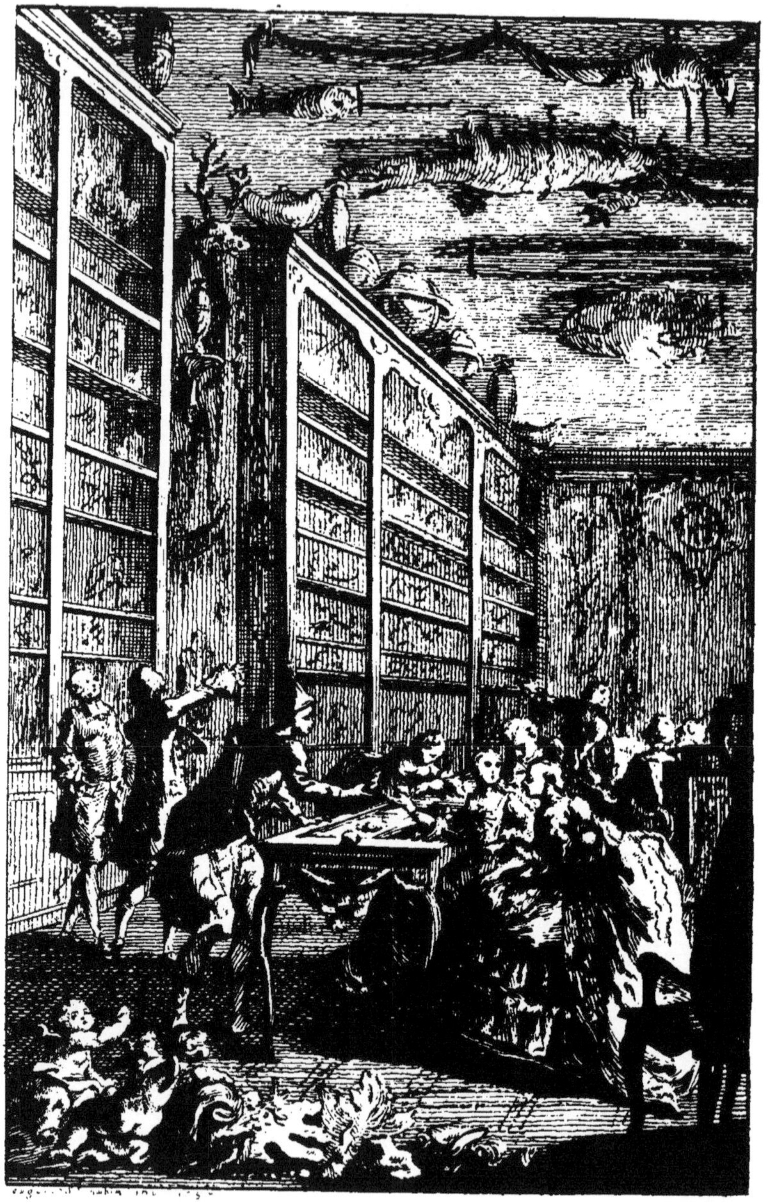

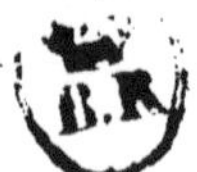

CATALOGUE

D'UNE COLLECTION

DE TRÈS BELLES COQUILLES,

MADREPORES, STALACTIQUES, Litophytes, Pétrifications, Cristallisations, Mines, Plaques & Cailloux agathisés & cristallisés; Plaques d'Agathes, Pierres figurées très singulières, Pierres fines montées & non montées, Agathes arborisées, Bois pétrifié, agathifié & en nature; Animaux, Oiseaux, Bijoux & autres Morceaux qui composoient le Cabinet de feue Madame de B**.

Cette Vente se fera le Lundi 25 Avril, & jours suivans de relevée,

Rue Poupée, en entrant par la rue Haute-Feuille.

Par P. REMY.

A PARIS;

Chez DIDOT, rue Pavée, près le Quai des Augustins, à la Bible d'or.

M. DCC. LXIII.

AVERTISSEMENT.

L'Étude de l'Histoire Naturelle est sans contredit une des plus étendues, des plus utiles & des plus agréables. Tous les êtres sensibles sont soumis à ses recherches, à ses observations & à ses découvertes. L'air, la terre & l'eau lui paient également leur tribut : elle ne connoît d'autres bornes que celles que la Providence veut bien mettre dans ses productions. Aussi qui peut compter les avantages que nous en retirons du côté de l'utilité ? C'est dans les trésors infinis de la Nature, source inépuisable de cette science, que la Médecine, la Chymie, la Botanique, l'Agriculture , & tous les Arts utiles & agréables puiſent abondamment , & trouvent tous les jours de quoi ſe perfectionner. Non contente de nous combler de ſes faveurs, combien d'agrémens ne procure t-elle pas au Curieux Philoſophe ? Si l'étude de l'Hiſtoire Naturelle demande des recherches pénibles, de combien de roſes ces épines ne ſont-elles pas couvertes ? La variété des habitans de l'air , de la terre & de l'eau , la diverſité des plantes , l'émail des fleurs , la ſingularité & la richeſſe des Mines & des Minéraux , le brillant des Pierres précieuſes , l'éclat des Coquillages & des autres productions de la Mer , tout eſt charme pour des yeux ſenſibles.

Mais en vain la Nature prodi-
gueroit ses bienfaits, si des Ci-
toyens généreux ne se faisoient
pas une étude & un plaisir de les
ramasser sous nos yeux. Ces riches
Cabinets qui embellissent la Ca-
pitale de la France, sont, pour
ainsi dire, l'abrégé de l'Univers.
Sans fatigue, on peut y parcourir
les quatre parties de la terre, pour
admirer ce que la Nature a de
plus rare, de plus utile & de plus
flatteur.

Il ne faut qu'envisager les avantages que nous procure l'Histoire Naturelle, pour ne pas être
étonné de voir ce goût augmen-
ter & se répandre de jour en jour.
Il n'est plus réservé aujourd'hui,
comme autrefois, aux hommes
seuls de s'initier dans les mys-

tères de la Nature : depuis que les Savans ne se bornant plus à ne composer qu'en Latin, nous ont donné dans notre Langue différens Traités sur les Oiseaux, les Quadrupèdes, les Insectes, les Plantes, les Coquillages, les Incrustations & les Pétrifications, nous voyons plusieurs Dames aussi recommandables par des connoissances agréables & utiles, que par la naissance, les charmes & la vertu, amasser les plus riches & les plus brillantes Collections. Il faut l'avouer, les Graces se plaisent à parer tous les objets sur lesquels les Femmes portent leurs regards & leur attention. Une certaine délicatesse, dont les hommes ne sont pas ordinairement susceptibles, embellit ſous leurs yeux les précieux dépôts de la Nature.

Celui dont nous donnons aujourd'hui le Catalogue *, a été raſſemblé en peu de temps par une Dame également aimable & reſpectable , faite pour l'agrément de la Société. La politeſſe avec laquelle elle ſe faiſoit un plaiſir de montrer aux Curieux ce ſavant tréſor, ajoutoit encore aux raretés dont elle avoit ſu l'enrichir. Senſible & vertueuſe , Madame de B**. vivra long-temps dans le cœur de ſa digne Famille & dans la mémoire de ſes Amis.

---

* Ce Cabinet eſt le premier de ceux qui ſont formés par des Dames dont on faſſe le Catalogue , qui ſoit expoſé en vente,

On trouvera particulièrement dans cette Collection, des Coquillages rares & bien conservés, des Pierres brillantes, des Agathes & Cailloux figurées & singulières, & des Mines riches & variées ; tous objets capables de fixer l'attention des Curieux.

TABLE.

Fin de la Table.

CATALOGUE

CATALOGUE
D'UN CABINET
CURIEUX
EN DIVERS GENRES.

COQUILLES BIVALVES.

1. UN beau & agréable *Groupe* de deux *Huîtres* couleur de rose & blanc; l'une épineuse avec quelque feuilles; l'autre feuilletée : plusieurs branches de corail blanc oculé, heureusement distribuées, y sont adhérentes.   60 2

2 Un autre Groupe de deux *Huîtres feuilletées*, l'une de couleur orangé, l'autre lilas   12

3 Une belle *Huître*; le fond est blanc : la tête & les pointes très-allongées & applaties, distribuées agréablement & sans confusion, sont de   39 1

couleur orangée ; trois de ces pointes portent à leurs extrêmitées de petits glands. Tous ces avantages diftin-guent cette Coquille.

4 Une autre *Huître épineufe* ; elle eft en partie de couleur orangée.

5 Une *Huître épineufe* blanche à tête mêlée de couleur de rofe ; fon def-fous eft feuilleté en partie.

6 Deux jolies *Huîtres épineufes*, l'une d'un petit rouge agréable, l'autre blanche, à tête couleur de rofe : une branche de corail blanc oculé tient au-deffous de cette derniere.

7 Une autre *Epineufe* avec feuilles ; elle eft variée de couleur de rofe fur un fond blanc fale ; fa tête eft de forme finguliere. Plus un *Gâteau feuilleté* de couleur jonquille.

8 Une très-jolie & très-agréable *Huî-tre* couleur de corail, garnie de très-grandes pointes qui s'élargiffent à leurs extrémités, & dont les bouts font de couleur de rofe : fon deffous eft feuilleté en partie, & d'un beau blanc.

9 Deux petites *Huîtres épineufes*, l'une blanche, à pointes longues & fines, la tête de couleur de cerife. Sous le deffous de cette Coquille eft attachée

une branche de corail blanc oculé.
L'autre à pointes larges & courtes,
tachetée de couleur maron clair.
Cette derniere vient des Indes orientales.

10 Trois *Huîtres.* Une épineuse ; sa 10. 14
tête est rayonnée de couleur de rose,
le reste est blanc : les deux autres
feuilletées en forme de Gâteau, l'une
couleur de lilas , l'autre jonquille.

11 Trois petites *Huîtres* ou *Gâteaux* 5. 1
feuilletés ; deux sont à fond blanc ,
la troisieme jonquille. Plus une jolie
petite *Huître de Malthe.*

12 Un beau & gros *Maron* blanc , à 13. 2
riches pointes, formant des rayons.
Un *Gâteau* fond jonquille ; plusieurs
de ses feuilles sont de couleur lilas.

13 Un joli petit *Maron* blanc à poin- 18. 1
tes , & deux *Gâteaux feuilletés.* Deux
autres *Huîtres,* dont une à fines pointes, fond blanc, rayonnée de couleur
de rose , à laquelle tient agréablement un corail blanc oculé.

14 Une *Huître* de moyenne grosseur , 14. 1
avec pointes & feuilles couleur de
corail ; un tuyau vermiculaire qui y
est adhérant lui sert d'anse. Une autre
Huître de forme qui n'est pas ordinaire ; elle est blanche à tête couleur

de rofe : du corail oculé s'eſt attaché à cette Coquille.

15 Une *Huître épineuſe* blanche ; ſa tête eſt d'une belle couleur de ceriſe. Deux *Gâteaux feuilletés* ; l'un eſt mélangé de trois couleurs, l'autre blanc & lilas.

16 Trois *Gâteaux feuilletés* ; deux ſont de différentes couleurs lilas, le troiſieme eſt blanc. Des *branchages* de *Corail* blanc oculé, où tient un Madrepore & une Huître à petite feuille. Deux *Tuyaux vermiculaires* & une moitié d'Huître nommée Feuille, groupés ſur une branche de bois de Manglier, qui croît ordinairement ſur le bord de la mer.

17 Deux *Huîtres* ſingulieres ; l'une fond blanc ſale, garnie de feuilles couleur de lilas ; deux petites Moules, qui y ſont incruſtées, ſemblent avoir vécû & pris naiſſance avec cette Coquille : l'autre blanche épineuſe, nommée le *Maron*, où tient une Camme de l'eſpece des Vieilles ridées, panachée de brun ſur un fond blanc : ce qui forme un groupe peu commun.

Les variétés & beautés des couleurs, les belles formes, & tout ce qui peut faire eſtimer &

rechercher les Huîtres épineuses, se rencontrent dans toutes celles qui composent les articles des numéros précédens : elles viennent presque toutes de l'Amérique.

18 Cinq Coquilles, savoir : trois *Huîtres épineuses* des Indes orientales, une *Pelure d'oignon* bivalve (elle est transparente),& une*Pintade* avec son épiderme. 17 . 1

19 Une *Huître épineuse* des Indes, fond blanc sale, chamarée de brun ; un morceau de Madrepore est adhérant à sa tête. Une *Huître de Malthe* avec des tuyaux vermiculaires sur le dessus ; & une *Huître* rayonnée. 6 1

20 Une *Huître épineuse* de Malthe ; une *Pelure d'oignon* bivalve ; l'*Oiseau*, deux *Pintades* avec leurs épidermes, d'especes différentes ; une autre *Pintade* dépouillée. 5

21 La *Selle Polonoise*. Cette Coquille vient du Cabinet de feu M. le Duc de Sully, n°. 577 du Catalogue. Une autre Huître nommée *la Cuisse*. 12

22 L'*Hirondelle*, son dedans est d'une belle nacre de perle ; une grande *Pintade* dépouillée ; le *Rastellum* ou Rateau (M. d'Argenville, page 393, figure F de l'Appendix de sa Conchyliologie). Une petite Huître 15. 4

nommée *la Feuille* ; une *Huître épineuse* de Malthe, & deux moitiés de *Feuilles* attachées à une branche de manglier.

23 Quatre belles *Huîtres de Malthe*, variées par leurs couleurs & par les différens jeux de la nature, & une *Pintade* avec son épiderme.

24 Quatre autres belles *Huîtres de Malthe* ; il s'en trouve une dont la tête, les pointes & les feuilles sont couleur orangé. Cette Coquille est de l'espece la plus difficile à trouver. Plus trois *Pelures d'oignon* bivalves, d'especes différentes.

25 Trois autres *Huîtres épineuses* aussi de Malthe, dont une chargée sur son bord de tuyaux vermiculaires, & un *Groupe* de deux mêmes Huîtres.

26 La *Terebratule*, nommée la Poulette : elle est très-belle, & d'un très beau volume.

27 Une très-belle *Crête de Coq*.

28 Deux autres *Crêtes de Coq* ; l'une tirant sur le blanc ; l'autre plus colorée, à laquelle tient un petit Madrépore du côté de la charniere.

29 Une Huître nommée *le Marteau*, de trois pouces & demi de longueur.

30 Onze pieces, dont une très-belle *Arche de Noé*, où tient un Polype ; un *Peigne* ou Manteau de S. Jacques ; un *Corail* à branche platte, formant arbriffeau, où eft adhérente une jolie petite Huître feuilletée. 3 . 10

31 Deux *Moules*, dont une de l'Ifle de Magellan. 12

32 Une belle *Moule* de *Norvege* dépouillée, & la moitié d'une grande *Magellane* qui a cinq pouces & demi de long. 13

33 Une petite *Moule* de *Magellan*, deux de *Papoux*, & une de *Marfeille* chamarée de brun : le fond eft de couleur ventre de biche. 18

34 Deux belles *Moules* ; l'une d'Alger, qui porte cinq pouces de long ; l'autre de Marfeille, a quatre pouces & demi : ce volume eft extraordinaire. Elle eft d'un très-beau jaune ; fa tête eft petit violet & blanc de perle. 11 2

35 Trois *Moules*, une d'Alger, une de Papoux, & une de Marfeille. 8 - 1

36 Trois autres belles *Moules*, dont une d'Alger de quatre pouces & demi de long. 4 . 2

37 Une *Moule* d'*Alger*, & deux autres de Marfeille, l'une verte rayonnée 9

de brun, l'autre de trois couleurs :
ces deux dernieres forment le Point
de Hongrie.

6. 3 38 Une *Moule* de *Norvege*, une de
Papoux, & une très-rare nommée
l'*Arborisée* : elle vient de Saint-Do-
mingue.

6 6 39 Cinq *Moules*, dont deux bleues,
une *Vitre Chinoise*, & un *Manche de*
Couteau.

8 2 40 Quatre belles Coquilles, savoir :
une *Telline* violette & une de couleur de chair foncée, toutes deux à
fascies blanches; une autre de jaune
foncé : elle a des dents vers sa charniere ; on la nomme *Langue d'or*; &
une jolie *Datte*.

10 11 41 Onze *Moules* & *Tellines*, dont
deux polies : l'une est rayonnée de
couleur pourpre, l'autre blanche &
citron : une *Lanterne*, une *Datte*.

10. 4 42 Cinq autres, dont deux polies, de
même espece que celles du n°. précédent, mais différemment variées ;
& une chagrinée blanche, avec des
rayons couleur de rose.

15 43 Neuf belles & agréables *Tellines*
d'especes différentes, deux sont vio-
lettes : dont une est fort rare.

7 1 44 Trois jolis petits Jamboneaux, ou

Pines marines de différentes especes :
deux sont sans épines.

45 Une *Solle* de deux pouces de diametre. Cette Coquille est vive en
couleur, ses lignes sont bien mar-
quées, sa tête enrichie d'un travail
détaillé & distinct. On peut dire
qu'il semble que l'art se soit joint à
la nature pour faire de cette Coquille
un petit chef-d'œuvre.   12 . 2

46 Une autre *Solle* de trois pouces ; &
deux petit *Manteaux ducaux*.   21

47 Deux grands *Manteaux ducaux* ; &
un grand *Peigne* de la Chine à oreille, tacheté de brun.   39 . 1

48 Les mêmes Coquilles de l'article
précédent, mais dont les couleurs &
les jeux de la nature sont différens.   24 . 1

49 Sept *Peignes* très-jolis & variés,
dont un Manteau ducal de la couleur moins ordinaire ; un Peigne à
oreille fond brun & chamaré : les
rayons du dedans de cette Coquille
sont de couleur citronnée & le fond
blanc. Ce Manteau vient de la Chine, & est estimé.   30 . 1

50 La *Coraline*, ou *Coraloïde*, de trois
pouces neuf lignes de diametre.   12 . 3

51 Vingt-cinq *Peignes* ou *Manteaux*   3 . 15

très-jolis, variés de couleurs : ils viennent de la Méditerranée.

8   3   52 Neuf autres distingués , dont le Benitier & une Telline.

4   1   53 Douze autres, & un *Peigne* de la Chine à oreille tacheté de brun.

3   54 Dix-huit *Peignes* de la Méditerranée, trois *Cames*, un *Manche de couteau*, une *Moule*, & une *moitié* de *Moule* sur laquelle tiennent des tuyaux vermiculaires & un petit Peigne.

2   1   55 Douze autres *Peignes*.

3   16   56 Un Peigne nommé le *Bénitier*; il a deux pouces sept lignes de diametre.

3   19   57 Une jolie *Corbeille*, d'un beau blanc & bien conservée.

12   58 Deux *Ecritures Chinoises*, d'especes différentes : il s'en trouve une de la riche couleur.

16   5   59 Un beau *Concha Veneris* épineux , une *Ecriture Chinoise*, & un *Point d'Hongrie*.

18   60 Une petite *Ecriture Chinoise*, & quatre *Cames*, dont une peinte en-dedans représentant des figures sur un fond d'or. On prétend qu'elles servent de cartes aux Chinois.

61 La Came nommée *Cedo nulli.* Cette belle Coquille eſt doublette ; & une autre belle *Came.* (Apendice de la Conchyliologie de M. d'Argenville, planche 3, lettre D.   21

62 Deux très-belles *Cames blanches,* d'eſpeces différentes : l'une des deux eſt grande, & reſſemble à la Tricotée.   10   5

63 Un *Bec de flûte,* un *Point d'Hongrie,* & ſix autres jolies *Cames,* dont trois polies.   11

64 Dix autres Cames d'eſpeces différentes, dont une petite *Corbeille.*   9

65 Un *Concha Veneris* épineux, un *Bec de flûte,* une jolie *Came polie* couleur de citron, & *cinq autres* dont une chagrinée.   9   1

66 Une petite *Levantine,* deux *Vieilles ridées, trois* autres *Cames,* dont une en zigzag, & une petite *Bulle d'eau.*   7   4

67 Treize *Cames* & *Tellines,* dont deux Furies.   8

68 Dix-ſept *Cames,* toutes agréables, dont une Ecriture Chinoiſe, deux Zigzag, un Point d'Hongrie, deux Truitées.   12

69 Trois grandes *Rares,* d'un beau choix : elles ſont de trois eſpeces ;   10   1

l'une de ces trois a pour nom *la Lime.*

20   70 Un beau & grand *Cœur de Venus* : il porte une espece de ruban tacheté de points couleur de rose ; ce qui le distingue de beaucoup d'autres.

12   71 Un autre *Cœur de Venus*, & celui nommé en *Bateau.*

19   72 Deux autres beaux Cœurs, l'un de Vénus & l'autre en soufflet.

13 . 1   73 Deux *Arches de Noé*, dont une blanche, peu commune ; trois beaux & gros *Cœurs* ; un à épines, un à petite tuiles, & le troisieme à côtes.

7 . 12   74 *Cinq beaux Cœurs* ; deux sont en Arche de Noé, un épineux, un grenû d'espece rare, & un autre poli.

12 . 1   75 Une belle *Arche de Noé*, & neuf *Cœurs*, dont un épineux, & celui du Senegal peu commun.

7 . 2   76 Onze jolies petites Coquilles ; savoir, une *Porcelaine*, espece de navette, la *Poulette*, un *Navet*, le *Lépas* en *Cabochon blanc* feuilleté, un autre en *Bateau*, une *Came coupée* dépouillée, un *Concha Veneris* épineux, une *Fraize*, une *Tuilée*, une *Rare*, une *Pourpre*, & un *Cœur* en Arche de Noé.

9   77 Douze *Coquilles*, dont une belle

Came de Saint - Domingue , un
Cœur du Senegal ; deux fraiſes , &c.

78 Deux *Tuilées*, l'une toute blanche ,   4 . 4
l'autre en partie couleur de ſafran.

79 Un beau *Choux* bien coloré , armé   36 . 10
de pointes , & une jolie *Tuilée blan-*
che bien conſervée.

80 Les mêmes Coquilles du nᵒ. pré-   24
cédent.

81 Une grande & agréable *Tuilée* blan-   12 . 10
che & petit couleur de chair tendre ;
un petit *Choux* & une *Arche de Noé* ,
où tiennent deux petits Madrépores
aſtroïtes.

COQUILLES UNIVALVES.

82 Un *Amiral* , riche en couleur ,   19 . 1
bien conſervé, & le *Vice-Amiral* de
Rumphius.

83 Les deux mêmes Coquilles, avec   17
cette différence que la petite bande
de l'Amiral eſt plus étroite.

84 Un grand *Vice-Amiral* : ſa couleur   36
eſt très-foncée , ce qui ne ſe rencon-
tre pas aiſément, quand le volume   2
paſſe l'ordinaire.

85 Une *Aîle de Papillon*.   3 . 19

86 Un *Amiral* ; l'*Amiral d'Angleterre* ,   12 . 9
& *dix* autres Cornets.

87 L'*Eſplandium* de deux pouces trois   25

lignes. On fait la rareté de cette Coquille.

8. 1 88 L'*Amadis*, auffi de deux pouces trois lignes. Cette Coquille eft vive en couleur, bien conſervée, & par-conféquent de choix.

6. 3 89 Un *Cornet* varié de couleurs verte, blanche & petit jaune, fondues en-femble ; fa tête eſt applatie. On l'eſ-time rare.

15 90 Une magnifique *Pelotte de beure*, à large tache, de la plus belle couleur, du plus parfait émail, & bien con-fervée : elle a trois pouces de long.

13 2 91 Une autre jolie *Pelotte de beure* à pe-tites taches, auſſi d'un bel émail ; & une belle *Minime*.

6 92 Une *Amadis*, deux petites *Pelottes de beure*, & deux petits *Cornets* dé-pouillés, d'un beau violet, & à zones.

15 93 Deux *Tigres* d'un beau volume, & bien polis.

9 94 Quatre belles Coquilles, qui font, deux *Tigres* à bandes jaunes, une grande *Couronne impériale*, & un *Damier*.

15. 5 95 Quatre *Damiers*, dont deux à ban-des jaunes ; une fauſſe *Aile de papil-lon* d'un gros volume, & les *Spec-tres*.

96 Un *Tigre* à taches rougeâtres, deux *Damiers* de travail différent, une *Spéculation*, & quatre autres petits Cornets.

97 Les *Spectres*, l'*Aumus*, la *Flamboyante*, & dix autres *Cornets* de différentes especes.

98 Deux *Cierges*, une *Flamboyante*, deux *Damiers*, & autres jolis Cornets, en tout douze Coquilles.

99 Deux *Damiers*, un *Tigre* à bandes jaunes, deux *Flamboyantes*, deux fausses *Ailes de papillon* d'un gros volume, & quatre autres Cornets.

100 Deux belles grandes *Brunettes* de différentes couleurs : elles sont en pendans.

101 Un *Drap d'or* orangé, deux grandes *Ecorchées*, deux grands *Brocarts de soye* de différentes couleurs, & une *Brunette*.

102 Deux *Draps d'or*, deux *Ecorchées*, deux *Papiers marbrés*, dont un peu commun, & un *Drap d'argent*.

103 Deux grands *Draps d'or*, dont un très-beau, rembruni, varié de couleurs, & deux *Ecorchées*.

104 Un *Drap d'or orangé* d'espece ra-

re, fa forme eſt alongée; & deux *Brunettes.*

105 Cinq *Cornets,* deux ſont jaunes, ponctués de noir avec zones brunes, interrompues de diſtances à autres.

106 Un très-beau *Buccin* fond jaune à points bruns : il eſt rare. On le trouve gravé dans Rumphius, planche 37, numero 3.

107 Deux *Brocarts de ſoye,* deux *Draps d'or* rembruni, deux *Ameletes* de différentes couleurs, pluſieurs *Papiers marbrés* : en tout ſeize Rouleaux.

108 Onze *Coquilles,* dont un Drap d'or de la Chine, un Damier, une Ecorchée, un joli Cornet.

109 Un très-beau & gros *Drap d'or.*

110 Deux *Draps d'or,* & deux *Brunettes* en pendans.

111 Un *Draps d'or* de la Chine, quatre autres *Drap d'or* de différentes couleurs, deux *Piquures de mouches,* & une *Brunette* à fond jaune.

112 Deux *Brunettes,* deux groſſes *Piquures de mouches,* d'une extrême beauté, & deux *Brocarts.*

113 Huit *Cornets* de différentes eſpeces.

114 Huit *autres,* dont une Pelotte de

beure, deux Aumus, une Couronne impériale, un Damier, & deux
sans nom, peu communs.

115 Dix - sept *Rouleaux & Cornets*,   6   3
dont deux Navets, deux Minimes,
deux Flamboyantes, deux Hébrai-
ques, une fausse Aîle de Papillon,
des Papiers marbrés, &c.

116 Deux *Tigres*, dont un de très-gros   5. 2
volume.

117 Une belle *Bécasse épineuse*, de la   3 8
rare espece.

118 Deux *Becasses épineuses*, & six   5. 6
Pourpres, dont deux du Senegal.

119 Une *Tête de becasse*, une *Massue*,   6
trois petites *Becasses épineuses*, une
Pourpre, & une *Figue* bien confer-
vée, de l'espece rare.

120 Une jolie *Patte de crapeau*, & une   7
Chicorée frisée.

121 Quatre *Pourpres*, dont deux brû-   5. 5
lées.

122 Quatre *autres*, dont deux belles &   9
grosses brûlées.

123 Sept autres *Pourpres*, dont une   7. 15
belle à bandes jaunes sur fond blanc,
qu'on estime être rare.

124 Une petite *Becasse épineuse*, une   6. 14
Massue, & cinq *Pourpres*.

125 Six *Pourpres* de trois especes différentes.

126 Deux *Buccins du Senegal*, quatre *Pourpres*, dont deux Triangulaires, deux *Massues*.

127 Une *Musique verte*, autant belle & bien conservée qu'il soit possible de la trouver.

128 Quatre *Musiques*, dont une couleur de rose : cette derniere est de l'espece la plus rare.

129 Deux *Musiques* de très-belles couleurs, & deux *Muresques* à tubercules, peu commun, & d'especes différentes.

130 Douze *Muresques*, *Buccins* & *Ailées*, dont deux Musiques, & la Tourterelle.

131 Deux Rouleaux *Papiers marbrés*, deux *Casques pavés*, deux *Casques* blancs *triolé*, deux à *Tubercules* & à levres retroussées, deux petits *Rochers*, & deux *Ailées*.

132 Deux belles *Ailées* fond blanc à bandes brunes, leurs bouches saffranées ; & deux petits *Murex* d'especes différentes, dont une gueule de Lion.

133 Vingt-trois *Casques, Tonnes*, & *Murex*.

*134 Trois Casques, dont un pavé;   9   3
deux Foudres, & cinq Murex, dont
deux Oreilles d'âne.

135 Quatre Foudres, deux Casques   4   4
striés, & trois Murex, dont un peu
commun.

136 Deux Aîlées à bouche couleur de   7   6
rose, dont une à bord brun; deux
Aigrettes, deux Casques pavés,
deux petits Murex à cloux, & deux
aîlées peu communes. Ils ont une
bande comme l'Amiral; ce qui les
distingue des autres, & les fait re-
garder comme étant les plus diffici-
les à trouver.

137 Deux Aigrettes d'un gros volu-   7   1
me, & une belle Aîlée à tubercules
d'un volume extraordinaire, & peu
commune.

138 Deux Cordelieres, & six autres   15   1
beaux Buccins.

139 Huit Buccins minarais & autres,   8
dont plusieurs très-jolis, & un beau
Limaçon.

140 Une Aveline, & onze autres Buc-   5   10
cins très-jolis & variés, dont plusieurs
Minarais

141 Dix-neuf autres petits Buccins à   2   1
pointes, à stries, à tubercules & autres.

142 Quinze autres, dont plusieurs peu communs.

143 Le Fuseau d'espece rare, & deux autres Fuseaux blancs peu communs.

144 Le Fuseau ou la Quenouille, de six pouces : il est très-conservé. Et un autre Fuseau de forme plus racourcie.

145 Six beaux Buccins choisis.

146 Deux Buccins terrestres, dont un avec son Epiderne ; ils sont beaux & bien conservés.

147 Trois Limas variés, nommés fausse Oreille de Midas. Il s'en trouve un de couleur brun rouge ; le dedans est couleur de pourpre.

148 La véritable Oreille de Midas. Cette Coquille est la plus belle qu'on puisse trouver.

149 Une Oreille de Midas ; deux Grimaces, deux Tulipes variées de couleurs ; & deux Murex à tubercules.

150 Deux Musiques, un Casque pavé, deux Aigrettes brunes, une Gueule de Lion, & un autre Murex.

151 Quatre Buccins peu communs, dont deux uniques.

152 Deux petits Buccins, & quatre jolies Chicorées.   7 . 13

153 Quatre Buccins d'un affez beau volume pour leurs efpeces. Ils entrent dans la claffe des Coquilles peu communes.   12 . 1

154 Une Thiare d'une très-grande beauté par la vivacité de fes couleurs & fon volume, qui eft de quatre pouces; & une Mître en pendant.   10

155 Une auffi belle Thiare que celle de l'article précédent, mais plus petite; une Mître, une Conque fphérique nommée le Prépuce, deux Flamboyantes, une Olive de Panama, deux Aîlées à tubercules, & deux Limas.   5 . 1

156 Une Thiare à petits trous, une Mître, & de jolis Buccins de différentes efpeces : en tout vingt Coquilles.   4 . 14

157 Quatre Buccins agréables, dont deux Tours de Babelle.   6 . 4

158 Quatre Coquilles eftimables, qui font, une petite Couronne d'Ethiopie avec zone, un Prépuce, & deux belles grandes Gondoles alongées.   15 . 6

159 Une Couronne d'Ethiopie, & un Prépuce.   9 . 1

160 Un très-beau Scorpion : son intérieur est de la plus belle couleur.

161 Un autre Scorpion & une Araignée.

162 Trois belles Araignées d'especes différentes, dont une mille-pates.

163 Trois autres Araignées.

164 Un Arrosoir de quatre pouces trois lignes : son volume est gros, sa tête est belle & bien conservée.

165 Un petit Télescope, quatre Limas terrestres rubannés, huit Vis & Chenilles, dont plusieurs d'especes différentes.

166 Dix-neuf Vis & Chenilles très-variés dans leurs especes.

167 Onze Chenilles & Vis, dont deux de Pressoir.

168 Une grosse Chenille marbrée, & trois autres d'especes différentes, une Tariere ou Papier roulé, deux petits Maillots & deux Alênes.

169 Le rare Buccin Fluviatil : sa forme est alongée, son travail a de belles couleurs brunes.

170 Deux grosses Alênes, dont une travaillée & dépouillée ; quatre Vis & douze Olives.

171 Deux jolies Tarieres, ou Papiers roulés ; six Vis d'especes différentes ;

deux Chenilles blanches, & dix-sept
Olives.

172 Treize belles Olives, dont la *Litterata*, deux Porphyres, deux brunettes, deux marbrées, deux orangées.

173 Une grosse & belle Olive porphyre, deux grandes blanches tachetées de jaune & de brun, & quatre autres.

174 Douze autres belles Olives, dont deux brunes & deux olivâtres.

175 Dix-neuf autres, variées de couleurs.

176 Trente-deux autres, dont deux alongées. Elles sont toutes d'un joli travail.

177 La Géographie, l'Argus, & la fausse Argus.

178 Une Géographie, deux Argus, dont une à zone ; & la fausse Argus.

179 Un gros Lievre, & la Taupe ; ces deux Porcelaines sont très-belles.

180 Les deux mêmes Coquilles.

181 La véritable Arlequine, & la fausse.

182 Deux belles & grosses Tigrées, deux Crapauds, & trois autres Porcelaines, dont deux légeres.

183 Sept autres belles Porcelaines.

184 Deux Œufs, deux fausses Arlequines, & cinq autres Porcelaines, dont quatre dépouillées.

185 Cinq belles Porcelaines, dont deux Tigrées.

186 Six autres, dont une légere.

187 Une grosse Vérolée, deux Crapauds, & quatre autres Porcelaines.

188 Trente-deux petites Porcelaines très-jolies, dont plusieurs Argus.

189 Un joli article composé de trente-deux petites Coquilles, dont une espece de Lévantine, les deux véritables Bossues, des Buccins peu communs.

190 Vingt-quatre Porcelaines très-jolies, dont plusieurs peu communes.

191 Deux Nautiles papiracés, dont un des Indes; un Nautile épais avec sa robe, & deux petits dépouillés.

192 Un grand Lépas cabochon, deux blancs feuilletés, & trois autres jolis Lépas, dont le Bonnet Chinois.

193 Dix-huit Lépas, & trois Oscabrions.

194 Le Bouclier, un rayonné, un de couleur de rose; & quatre autres Lépas.

195 Six autres Lépas très-jolis, & d'especes différentes.

196 Trois autres beaux Lépas, dont le   10   1
  Pyramidale de l'Isle de Magellan.   15

197 Six Lépas.

198 Dix-neuf Lépas, dont deux en   5
  bateau.

199 Le Colcho, rare; & huit autres   6
  Lépas.

200 Des Entalles & Dentalles, un mon-   2 - 5
  ceau de Tuyaux d'Orgue, & autres
  Vermiculaires : en tout vingt-deux
  pieces.

201 Cinq belles Nerites, dont la Gri-   9   10
  ve; une Lampe antique, trois Mamelons, & autres Limaçons : en
  tout treize jolies Coquilles.

202 Quinze Limaçons de differentes   4 . 6
  especes, dont deux applaties.

203 Deux gros Limas de l'espece du   6 . 3
  Cordon bleu.

204 Un Cordon bleu, trois Limas à   6 . 15
  peau de Serpent, de differentes couleurs; deux Testicules, deux Bouches, l'une d'or, l'autre d'argent; un
  Sabot & un gros Limaçon, avec son
  opercule.

205 Deux Mamelons cancéreux, deux   15 . 5
  Blancs de grosse espece; deux Ca-
  drans, un Maron, un Sabot & autres
  Limas. Quinze Coquilles.

206 Deux belles peaux de Serpens,   12

B

deux grands Eperons, une Bouche d'or & une d'argent, & un gros & beau Limas rubané peu commun.

5 19 **207** Trois Lampes & plufieurs autres beaux Limas & Nérites. Quinze Coquilles.

7. 3 **208** Un très beau & grand Dauphin de la riche couleur.

24 12 **209** Trois Dauphins, un Bouche d'or & une d'argent, un Bouton de Camifole, & un Peroquet.

12. 1 **210** Un Limas en forme de Sabot applati. Il eft noir, & d'efpece très-rare.

8 9 **211** Un autre tirant fur le violet, auffi rare que le précédent.

7-12 **212** Seize Coquilles, dont deux Peaux de Serpens : Bernard-l'hermite dans fa loge, & un joli Toit Chinois.

6 14 **213** Deux Peaux de Serpens, un Toît Chinois, & autres beaux Limas. Neuf Coquilles.

15 19 **214** Deux beaux gros Limas, deux beaux gros Sabots de différentes couleurs, deux Eperons & un Burgos dépouillé.

24 1 **215** Onze Buccins différens, & deux Limas.

13. 6 **216** Un Murex nommé l'Unique, de trois pouces trois lignes de haut.

217 Deux autres Murex ou Rochers,
qui font l'Unique & la Contre-uni-
que.

218 Trois Rochers, dont un (planche
15 , lettre E.) les deux autres (même
planche , lettre H. page 252 de la
Conchyliologie de M. d'Argenville;)
deux magnifiques Aîlées , & un Murex à dents de chien.

219 Deux Casques à levres retrouffées
& à dents , deux Tonnes, un Casque
(lettre H comme celui de l'article
précédent) ; & deux Ailées.

220 Deux beaux Rochers bruns , &
cinq Casques auffi très beaux.

221 Cinq autres belles Coquilles , favoir, un Bois veiné , deux Aîlées à
tubercules , & deux Rochers à belles
bouches.

222 Un gros Radix , deux belles Tonnes umbiliquées , deux autres cannelées , & deux *Harpa nobilis.*

223 Un Radix, deux Conques Perfi-
ques , dont une polie ; deux groffes
Muscades , & deux groffes Harpes à
larges côtes.

224 Deux Cordons bleus, deux Turbé-
nittes , deux Figues , dont une épaif-
fe, deux Bulles d'eau , &c. En tout
treize Coquilles.

B ij

225 Une Tasse de Neptune, deux belles Perdrix, deux Muscades, une
Bulle d'eau, & une jolie petite Ton-
ne blanche papiracée.

226 Cinq Tonnes différentes, une
grosse Muscade, trois Harpes dont
une alongée, peu commune, & un
Radix épais.

227 Onze Coquilles, dont deux Harpes, deux Gondoles, un Prépuce,
une Conque Persique.

228 Deux Conques Persiques d'especes
différentes, deux Tonnes cannelées,
deux Harpes & deux Figues.

229 Un Bois veiné, une Musique, &
quatre Rochers peu communs.

230 Trois Musiques, trois Harpes,
cinq Casques, six Ailées, & une
Olive.

231 Deux Tapis de Perse, une Tulipe,
l'Asne rayé, avec son épiderme, une
Harpe & une Aîlée.

232 Deux Culottes de Suisse, une Perdrix, deux Casques à stries, & une
grosse Chicorée.

233 Un gros Casque tricoté, & deux
gros Burgos, dont un dépouillé en
partie.

234 Deux Casques, donc un à Tubercules, une Tasse de Neptune, deux

Burgos, une Tulipe, & une Aîlée.

235 & 236 Onze Oreilles, dont plusieurs Orientales. Il y en a deux petites blanches.

237 Deux petites Oreilles de Midas,
& huit jolis Buccins.

238 Vingt-sept petites Porcelaines,
dont l'Argus, deux Bossues ; des Co-
liques, des Papiracées, &c.

239 Soixante-dix-neuf petites Porcelaines variées. Plusieurs sont très-jolies, & peu communes.

240 Sept Aîlées, dont deux blanches à
bouches noires, un Limas rubanné,
un Murex à dents, & autres Coquilles : en tout seize.

241 Deux Yvoires, un Limas bouche
à gauche, des Buccins ; Nérites, Sabots : en tout vingt-six Coquilles.

242 Trente-une petites Coquilles,
dont un Spectre, une Chicorée, des
Nérites, Rochers, Casques, Tonnes, &c.

243 Quarante-une petites Coquilles,
dont une Thiare à petits trous, une
Tinne de Beure, une Piquure de
Mouche, une Arche de Noé, des
Buccins & Nérites.

244 Deux Draps d'or de la Chine,

quatre autres Draps d'or, un Amiral d'Angleterre, & autres Cornets : en tout treize Coquilles.

245 Des Chenilles, des Pholades, des Porcelaines, Buccins, & plusieurs Madrépores : en tout soixante-deux pieces.

246 Quatre-vingts verres de Montre, dans lesquels sont différentes petites Coquilles Bivalves & Univalves.

247 Quatre-vingt-quatre autres.

248 Un joli Bouquet de Jassemin, Renoncules & autres fleurs, fait de Coquillages, & une Aigrette.

249 Trente-cinq verres de Montre, & diverses Coquilles Univalves & Bivalves.

250 Des Manteaux, Cammes, Tellines Bivalves, & moitié de Bivalves.

251 Autres Coquilles.

252 Des moitiés de Coquilles Bivalves très-jolies, & plusieurs Limaçons.

253 Un grand Tiroir & un Tablette remplis de grosses & moyennes Coquilles qui seront divisées.

254 L'Oursin appellé *Brissus*, un en Etoile qui vient de Canton en la Chine, cinq autres *Oursins*, & deux bâtons d'Ou*sin*.

255 Un *Oursin* à pointe, trois *Etoiles*,   2 . 1
une *Tête de Medus*, cinq petits étoi-
lés, & douze autres.

MADRÉPORES, STALACTIQUES,
LITHOPHYTES, &c.

256 Quatorze différens morceaux de   2 - 5
Madrépores, & une *Manchette de
Neptune*.

257 Sept *Madrépores*, dont l'*Œillet* &   4 - 0
le *Champignon* feuilleté, plus une
Manchette de Neptune.

258 Neuf morceaux de *Madrépores*,   4 - 5
dont un beau chenillé.

258* Une *Pétrification marine* analo-   24, 5
gue aux Champignons de mer. Ce
morceau qui est très-beau a sept pouces de long.

259 Un beau *Champignon de mer* feuil-   6
leté, & un autre *Madrépore* à petits
œillets, dans lequel il se trouve des
Arches de Noé, des Vermiculaires &
autres menus Coquillages.

260 Deux branches de *Corail* noir sur   8 . 2
un Rocher, un *Arbre de Corail* blanc
oculé. On voit dans sa souche du
Corail rouge qui semble avoir végété avec le blanc.

261 Deux *Madrépores* en Arbrisseaux,   8 . 12

montés sur de petits pieds de bois
peints en marbre.

262 Un Arbrisseau de Corail rouge,
une Branche du même Corail, deux
petits Arbisseaux de Corail blanc,
oculé, & quelques Tiges de Corail
rouge adhérentes à un Rocher.

263 Une Stalactite de la Grote de Tou-
lon, deux Madrépore, quatre Lithophytes montés sur des pieds de bois
noirci, & trois Plantes marines.

264 Un Lithophyte violet, & un Monceau qui vient des Forges de Fer. Ils
sont sur des pieds de bois.

265 Deux autres Monceaux, cinq Madrépores & trois Lithophytes.

266 Deux Panaches de mer, dont une
sur un Madrepore, où il semble
qu'elle ait pris racine.

267 La moitié d'un Cerveau marin,
poli d'un côté. Il semble être cristalisé.

268 Dix Morceaux, dont un de Tuyaux
d'Orgues pétrifié, un Cerveau marin
& un Monceau de Feuilles de mer.

PÉTRIFICATIONS, CRISTALLISATIONS, &c.

269 Un Morceau fort singulier, peut-

être unique, que l'on croit être un Madrépore, une Arche de Noé, deux Cames, une grande Huître & un groupe de Feuilles.

270 Quatre Oursins, dont le *Brissus*, une Figue, deux Tellines, une Came, une Arche de Noé, & autres pieces : en tout seize.

271 Un Choux-fleur, le Rateau, cinq Oursins, dont un de la Mer rouge, un grand Manteau ou Coquille de S. Jacques, & un Monceau d'Œufs de Poissons pétrifiés.

272 Trente-cinq Morceaux, dont plusieurs Oursins.

273 Plusieurs Cailloux, dont un gros cristalisé, des Madrépores, Lithophytes, des Morceaux de Ruches à Miel ; en tout quinze pieces.

274 Cinq Pierres différentes où se voyent des arborisations, deux Ardoises sur lesquelles sont imprimées des arborisations, & trois morceaux de Pierre de Florence.

275 Deux morceaux d'Ardoise où se trouve un grand nombre de Marcassites, une autre arborisée & cristalisée à divers endroits, &c. En tout huit morceaux.

276 Trois Plaques de Pierres de Florence arborisées.

B v

277 Deux Pierres de Florence arborifées, & plufieurs autres Pierres fur
lefquelles on voit des arborifations.

278 Une fuite de quatorze morceaux &
feuilles de différens Talques, & quatre verres de Montre.

279 Une belle Corne d'Ammon arborifée & métallifée, deux morceaux
criftallifés, & deux Langues de Requin.

280 Deux jolies Cornes d'Ammon,
l'une agathifiée, l'autre criftallifée :
elles font chacune en deux parties.

281 Une petites Corne d'Ammon blanche, en deux parties. On y voit une
arborifation. Deux morceaux d'Ammon agathifiés, une Grape & un
Nautile pétrifiés, deux Langues de
Requin.

282 La moitié d'une grande Corne
d'Ammon, une Pirite ou Pierre à
Foudre, & autres pieces : en tout
vingt-huit.

283 Trois Cornes d'Ammon agathifiées
& métallifées. Chacune a été fciée en
deux. Et fix autres morceaux.

284 Soixante & treize verres de Montre, contenant des Coquilles foffilles
de différentes efpeces.

285 Des Pouletes, Chenilles, différens

Buccins, & autres Coquilles toutes
fossiles.

286 Une Boëte de Coquilles fossiles de
différentes especes, dont plusieurs
peu communes.

287 Différens morceaux de Congella-
lation, Pétrifications & Fossiles.

M I N E S , &c.

288 Un morceau de Mine de Cuivre
de Canada, un Busrang de Lorraine,
un Morceau de Cristal verd avec de
la Mine, autre de Prime d'Emeraude, & un de Cristal.

289 Deux Benemnites, plusieurs Fluors
& autres pieces : en tout onze.

290 Une Fleur de Fer, & plusieurs Mines de différentes especes.

291 Un morceau de Mine de Mercure,
un de cuivre, deux de Cinabre, un
d'Antimoine, un de Mine d'Argent
& de Cuivre, & autre : en tout neuf.

292 Quinze morceaux de Mines, &
autres pieces.

293 Quarante-un morceaux de différens échantillons de Mines.

294 Vingt-trois morceaux de Mines,
Pirites & Marcassites.

B vj

295 Un morceau de Mine d'Or, &
deux d'Argent, dont un rouge.

296 Un beau morceau de Mine d'Argent du Potozi.

297 Un autre morceau d'Argent végété
du même Potozi.

298 Sept autres morceaux de Mines,
dont un d'Argent en feuilles.

299 Neuf autres, dont trois d'Argent
qui font fur un même pied.

300 Sept autres du Potozi, de Norvége
& autres endroits.

301 Un joli morceau de Mine Soyeufe.

302 Un autre plus gros de même Mine.

303 Vingt-deux morceaux de différentes Mines, & douze petites Marcaffites.

303* Un beau morceau de Malaquite.

304 Des morceaux de Mines de Cuivre, d'Etain, d'Antimoine, un morceau de Cinabre, des Marcaffites,
&c. En tout onze pieces.

305 Trois morceaux de Mines, une
forte plaque de Pierre-de-touche,
deux morceaux de Serpentine, une
plaque de Caillou agathifié, & un
Caillou criftallifé.

PLAQUES ET CAILLOUX AGATHISÉS,
CRISTALLISÉS, ARBORISÉS, &c.

306 Onze Cailloux agathifiés & criftal- 6
lifés, cinq morceaux d'Amiantes agathifiés d'efpeces différentes, & un
morceau de Criftal.

307 Une plaque de Cailloux d'Angle- 4   16
terre, deux d'Egypte prifes fur le
même morceau, & une de Reines,
toutes polies.

308 Sept autres plaques de Cailloux 8   10
d'Egypte, de Reines, Boudingue
d'Angleterre.

309 Sept autres *idem*. 8   1

310 Sept *idem*. 9   10

311 Cinq plaques d'Egypte & deux de 19   6
Reines.

312 Six autres plaques très-jolies de 7
Jafpe, de Boudingue & autres.

313 Treize plaques & Cailloux d'Aga- 14   1
the & autres.

314 Deux plaques fciées du même 24
morceau, qui, jointes enfemble, re-
préfentent une belle Tulipe ouverte,
d'agréables couleurs.

315 Six jolies plaques de Cailloux, 15
dont un fur lequel on voit des Arborifations.

316 Sept autres d'Egypte, d'Angleterre & autres, dont un Caillou.

317 Neuf plaques & Cailloux, dont plusieurs d'Egypte & de Reines.

318 Six autres Cailloux & plaques, dont une sur laquelle est gravé en relief le Buste d'un Empereur.

319 Onze plaques d'Angleterre, de Reines & d'Italie, dont une arbori-sée.

320 Onze autres extrêmement jolies.

321 Quinze autres, dont une en cœur.

322 Trois belles plaques de Cailloux d'Egypte, dont deux arborisées.

323 Cinq autres belles plaques de Cailloux, dont trois d'Egypte.

324 Cinq autres plaques de Cailloux d'Egypte extrêmement belles & variées.

325 Treize autres *idem.*

326 Une grande plaque de Cailloux d'Egypte. On y semble voir des Insectes.

327 Une autre fort agréable. On y entrevoit un Oiseau singulier des grandes Indes.

328 Dix plaques de Cailloux d'Egypte, d'Italie, d'Angleterre & de Reines.

329 Sept autres d'Egypte, dont plusieurs d'un travail de nature admirable.

330 Neuf autres, dont un fort curieux   7 . 10
où l'on croit voir la repréſentation
d'un Prêtre.

331 Neuf autres plaques d'Egypte.   8 . 5

332 Quatre plaques d'Egypte, deux de   8 . 5
Reines, & une d'Angleterre.

333 Cinq plaques d'Egypte très jolies :   9 . 16
pluſieurs ſont en arboriſation.

334 Sept autres.   8 .

335 Une grande & belle plaque d'A-   12 .
gathe, criſtalliſée en partie ; elle eſt
richement rayonnée dans ſon pour-
tour. Ce morceau eſt digne de con-
ſidération.

336 Une autre grande plaque curieuſe   13
& ſinguliere : elle renferme des Vermiculaires, & eſt agathifiée.

PLAQUES D'AGATHE, &c.

337 Huit plaques & cailloux, dont   12 . 5
deux d'Agathe très jolis.

338 Trois autres, dont une plaque   8
criſtalliſée.

339 Six plaques d'Agathe & de Cail-   8 . 1
loux : il ſe trouve un morceau contenant des Pirites.

340 Une plaque de Jaſpe univerſelle,   5 . 4
& huit autres de Cailloux & Agathe.

341 Un Jaspe fleuri, & sept autres plaques ou Cailloux.

342 Huit autres *idem*.

343 Une plaque de Prime de Lapis, & treize de Cailloux & Agathe, dont deux d'Orient. Plusieurs sont taillés en poire.

344 Trois grandes plaques, dont une de Jaspe universel.

345 Onze morceaux de Cailloux, & Manches de couteau d'Agathe.

346 Deux petits Mortiers, une plaque d'Agathe qui peut servir de pierre à papier, & quatre autres morceaux, dont un de Jaspe universel.

347 Un morceau de Jaspe rouge, un autre de Jaspe fleuri, une Coupe d'Agathe, un morceau de Lapis, & autres pieces : en tout onze.

348 Un gros manche de couteau de Jade, un morceau de pierre à razoir agathisé, une autre de petite vérole, une baguette de Jade floride, une d'Egypte, une Cornaline & une Jaspe : dix pieces.

349 Un grand dessus de Boëte d'Agathe Orientale arborisé.

350 Deux plaques d'Agathe Onix Orientale : elle sont propres à faire une Tabatiere.

351 Deux autres belles & Orientales, 16
propres au même usage.

352 Deux autres *idem.* 22 1

353 Une grande plaque d'Agathe 15. 11
Orientale mouchetée, & deux de
Cornaline, dont une rouge & blan-
che.

354 Deux autres plaques aussi Orienta- 17 1
les, propres pour faire une Tabatiere.

355 Trois autres de différentes formes 14
& couleurs, dont une grande de forme ovale.

356 Une belle plaque de Sardoine des 7. 12
plus agréables.

357 Deux belles plaques de Sardoine. 9 - 4

358 Un manche de couteau, & deux 10. 10
morceaux de belle Sardoine à filets
rayonnés.

359 Trois plaques d'Agathe de forme 16. 4
ronde, & deux de Lapis, dont un
dessus de Tabatiere.

360 Deux très-belles plaques d'Agathe 8
Orientales. Il semble que du Corail
y ait pris naissance : on y voit de petits arbres.

361 Une plaque de Jade, un Madrépo- 9
re agathifié, & une plaque de Jaspe
vert transparent d'une beauté de couleur extraordinaire.

362 Trois plaques d'Agathe d'Orient, 11 - 1

deux peuvent servir à faire une Boëte de Chasse.

8   10   363 Deux plaques de Sardoine de forme ovale, & deux d'Agathe presque rondes.

10   3   364 Trois plaques d'Agathe Orientale.

8   365 Quatre autres *idem*.

16   1   366 Quatre autres plaques, dont trois Orientales, avec accidens.

17   4   367 Cinq plaques, dont une Orientale.

8   2   367* Une grande Sous-coupe d'Agathe.

36   368 Deux plaques de Sardoine, qui représentent une Tulipe rubannée.

27   369 Deux autres *idem*, formant une Aîle de Papillon rubannée de couleur de rose & blanc.

12   12   370 Deux belles plaques d'Agathe rubannées, sciées du même morceau, qui, l'une proche de l'autre, donnent un compartiment agréable & des plus satisfaisant.

39   371 Deux belles plaques d'Agathe; leur forme est presque quarée.

10   3   372 Deux plaques de Jaspe universel, & une de Jaspe sanguin.

9   373 Trois plaques d'Agathe, dont une herbeuse, & un dessus de Tabatiere.

9   1   374 Quatre autres plaques d'Agathe, dont deux en pendans.

375 Quatre autres très variées.

376 Une plaque de Jaspe, une de Jade,
   & une belle d'Agathe herbeuse verte.

377 Trois plaques d'Agathe, trois de
   Jaspe fleuri, & une de Lapis.

378 Une plaque de Jaspe rayé, & quatre d'Agathe, dont une Orientale arborisée.

379 Une plaque d'Agathe Orientale,
   & quatre autres, dont deux propres
   pour faire une Boëte à mouches ; plus
   deux Madrépores.

380 Deux belles & grandes plaques
   d'Agathe.

381 Deux autres plaques d'un même
   morceau, qui, joints ensemble, forment un agréable compartiment par
   rapport aux bandes & lignes de différentes couleurs transparentes &
   vives.

382 Deux plaques d'Agathe, de formes différentes.

383 Deux plaques de Sardoines & deux
   d'Agathe.

384 Six plaques d'Agathe de trois couleurs différentes ; deux sont prises du
   même morceau.

385 Six autres de différentes grandeurs,
   dont une Orientale.

386 Quatre autres, dont deux belles

d'Agathe de Saxe; ces deux dernieres
font en pendans.

9 . 13 387 Trois plaques d'Agathe, & deux
de Jafpe.

8 . 9 388 Six plaques d'Agathe, variées de
couleurs.

12 . 3 389 Sept plaques; favoir, trois d'A-
gathe, trois de Jafpe, & une de
cailloux peu connu.

9 . " 390 Sept autres; cinq font d'Agathe,
dont une métallifée & criftallifée.

6 391 Huit plaques, dont une belle d'A-
gathe.

9 . 10 392 Deux plaques de Jafpe, une d'A-
miante agathifiée, une d'Agathe noire, &c. en tout fept.

9 4 393 Une plaque de coquillage agathifiée, peu commune, cinq d'Agathe
& de Cailloux, & deux de Jafpe
fleuri.

10 394 Une de Jade noir, une de blanc,
une de Cornaline, cinq d'Agathe,
& une autre.

8 . 10 . 395 Une plaque de Jade verd peu
commun, deux de Jafpe fleuri, &
fix d'Agathe.

2 396 Huit jolies plaques d'Agathe, Jafpes & Cailloux.

10 397 Douze plaques d'Agathe, variées
tant par leurs grandeurs que par leurs
couleurs.

398 Neuf autres d'Agathe , Jaspe &   7 . 2
Cailloux.

399 Dix huit verres de montre, conte-   6 . 14
nant vingt-deux petits morceaux de
différentes formes & grains de Cha-
pelets , d'Agathe d'Orient, Cornaline , Jaspe , Amethifte , &c. & une
Bague d'ancienne Cornaline.

400 Seize autres dans lesquels font de
petites Boules , Olives , une Bague ,
un Anneau , &c. d'Agathe , Cornaline , Jaspe & Cailloux.

401 Quinze petits morceaux de Cor-   3 . 4
naline , Jaspe , Lapis , Cailloux &
Agathe , dont deux d'Orient. Chacun de ces morceaux est dans un ver-
re de Montre.

402 Quatorze verres dans lesquels font   2 . 5
quatorze morceaux d'Agathe , Cail-
loux , & un Chapelet de differentes
pierres.

403 Dix - sept petites Olives , Boules ,   4
Piramides & autres morceaux, dont
deux d'Agathe Orientale.

404 Vingt - six autres de Cornaline &   6 . 7
autres Cailloux , dont trois d'Agathe
Orientale.

405 Vingt morceaux de formes rondes,   4   1
ovales , cœurs , tous d'Agathe ; plufieurs font propres à monter en bagues.

406 Vingt-trois petites plaques d'Agathe, Cornaline, Jaspe & Cailloux très variées.

407 Vingt-cinq autres de différentes formes, dont plusieurs d'Agathe Orientale.

408 Vingt autres *idem* toutes variées, soit par le travail, soit par l'espece.

409 Six belles plaques d'Agathe qui ont été taillées pour faire une Boîte quarrée.

410 Quatre plaques d'Agathe propres pour faire deux Boîtes, l'une quarrée, & l'autre de forme contournée.

411 Quatre *idem* : deux sont pour faire une grande Boîte, les deux autres pour une Boîte à mouche.

412 Six autres plaques d'Agathe, variées.

413 Cinq autres.

414 Cinq morceaux ou plaques d'Agathe.

415 Trois Boîtes à cuvettes, de différens Cailloux.

416 Deux cuvettes, l'une d'Agathe herbée ; l'autre d'Agathe rouge à arborisation verte & une coquille : elles sont d'Orient.

417 Cinq cuilliers d'Agathe, une de Jaspe, & une Boîte avec son dessus d'Agathe.

418 UneCuvette de prime d'Amethifte,   14
une de belle Cornaline avec fon
deffus, une de Sardoine Onix : &
deux petites plaques d'Agathe, con-
vexe & concave.

419 Six cuvettes de Montres & deux   7
Amandes d'Agathe.

420 Douze pieces d'Agathe, Jafpe   3 . 4
fanguin, & Cailloux.

421 Huit cuvettes d'Amethifte, Aga-   31
the, Jafpe & Cornaline.

422 Douze autres d'Agathe & Cor-   8
naline.

423 Dix pieces d'Agathe, & une de   6 . 2
Jafpe.

424 Onze autres, toutes d'Agathe.   7 . 6

425 Quatre jolies plaques d'Agathe.   6

426 Cinq plaques d'Agathe, & une de   8
Jafpe.

427 Huit autres, toutes d'Agathe.   5

428 Neuf autres, toutes différentes.   8

429 Une plaque de Sardoine, une de   5 . 14
Cornaline, & cinq d'Agathe.

430 Treize plaques, dont plufieurs   5
d'Agathe, de Jafpe rouge & de
Cornaline.

431 Quatorze plaques de Sardoine,   5
prime d'Emeraude & d'Agathe.

432 Quatorze plaques d'Agathe diver-   6 . 1
fifiées, dont une herbée.

433 Quatorze autres très jolies de Jaspe universel, Agathe, &c.

434 Quatorze autres variées.

435 Huit plaques d'Agathe, deux de Sardoine, & deux de Cornaline.

436 Deux petits manches de Couteau, l'un de Jasde verd, l'autre de Jasde pâle, & onze plaques d'Agathe.

437 Trois très jolies plaques d'Agathe.

438 Cinq plaques d'Agathe, & une de très beau Jaspe.

439 Sept plaques d'Agathe.

440 Cinq plaques d'Agathe, & deux de Jaspe.

441 Cinq belles plaques d'Agathe, dont une herbée.

442 Cinq autres, dont une Orientale.

443 Deux plaques sciées du même morceau ; elles sont très belles & richement rubannées.

444 Cinq plaques, dont deux belles sciées d'un même morceau ; elles ressemblent à une belle étoffe satinée.

445 Huit autres plaques d'Agathe.

446 Six autres.

447 Deux plaques d'Agathe herbeuse, & quatre autres.

448 Six plaques d'Agathe variées, & une de marbre.

449 Un Cœur de Cornaline, & trois petites

petites plaques d'Agathe, dont une Orientale.

450 Deux plaques d'Agathe d'Orient, une de Cornaline aussi d'Orient, & une de Jaspe verd.   6 . 14

451 Deux plaques d'Agathe, & une Cornaline blanche avec arborisation rouge ; toutes trois Orientales.   5 . 5

452 Quatre plaques d'Agathe d'O-rient ; leurs formes sont en ovale.   6

453 Deux plaques de Sardoine & une d'Agathe : elles sont Orientales.   3

454 Sept plaques d'Agathe & Cornaline Occidentales.   5

455 Une jolie plaque d'Agathe verte, & deux autres de couleur rougeâtre rubanée.   5 . —

456 Neuf plaques d'Agathe, dont deux Orientales : il s'en trouve une arborisée.   6 . 19

457 Neuf plaques d'Agathe, Jaspe verd, Cornaline & autres.   10 . 19

458 Deux plaques de Cornaline, l'une rouge, l'autre blanche ; une de Jaspe & six d'Agathe, dont deux herbées.   6 . 12

459 Onze plaques d'Agathe, dont deux d'Orient.   15

460 Huit plaques d'Agathe de formes   4 . 12

C

ovales , & une de Jade blanc.

12 . 1   461 Quatre plaques d'Amétifthe , qui, jointes enfemble , forment un lozange : elles font en partie criftallifées.

10 . 2   462 Onze pieces tant plaques que morceaux de Prime d'Amatéthifte.

9 . 19   463 Sept autres , *idem*.

12   464 Dix-fept plaques & bandes d'Agathe , de Jade , Cornaline & Cailloux.

9 . 4   465 Sept autres de Jafpe fleuri & de cailloux très agréable.

9 . 4   466 Onze plaques de Jade , Cailloux , Cornaline.

9 . 1   467 Onze jolies & agréables petites plaques d'Agathe , Cornaline & différens Jafpes.

6   468 Quatorze autres de Jafpes , Jade , Agathe & Cornaline.

9 . 12   469 Neuf jolies petites plaques de Lapis , Jade , Jafpe & Agathe , dont plufieurs peu communes.

9 . 9   470 Onze autres de Jade , Jafpe & Agathe.

3 . 3   471 Quatorze petites plaques très jolies , de Jafpe , Agathe & Cornaline.

5   472 Quatorze autres très variées.

9 . 13   473 Quatorze de Lapis , Agathe , Cornaline & Jafpe.

474 Douze autres d'Agathe & Cornaline.　　　　　　　　　　　　　4 . 11

475 Douze petites plaques d'Agathe.　3 . 13

476 Trente-huit Cailloux & Agathe,　3 . 1
dont plusieurs taillés en poires.

477 Vingt-quatre plaques & cailloux　17 . 3
de Lapis, Cornaline, Pierre néphré-
tique, &c. Plus, dix - sept Pierres
gravées, dont deux en relief ; les
autres le font en creux : sur Agathe,
Jade, Cornaline & Jaspe.

478 Trois Pierres gravées en creux,　5 . 10
dont une représentant l'abondance :
elle est sur prime d'Emeraude, &
regardée pour être antique.

479 Trois autres pierres plus grandes　12 . 6
que celles de l'article précédent,
dont deux belles Sardoines Onix.
Elles font toutes gravées en creux ;
deux font montées en cuivre.

480 Six autres sur Jaspe, Agathe, &　6 . 12
Sardoine, dont une montée en cuivre.

481 Huit plus petites Pierres d'Aga-　4 . 10
the, Lapis, & Jaspe, aussi gravées
en creux.

482 Sept autres sur Agathe, Cornaline,　3 . 1
& Jaspe.

483 Quatre Agathes gravées en creux,　6
& un Jaspe sanguin.

C ij

6   484 Neuf, fur Agathe, & les Buftes
de trois Guerriers fur coquille : ce
dernier morceau eft gravé en relief.

4. 19   485 Vingt-cinq petites Agathes, dont
plufieurs arborifées.

4 2   486 Dix Agathes arborifées, plufieurs
petites Onix : en tout vingt-fix
pierres.

6. 1   487 Des Agathes arborifées, des Cornalines, des Jafpes; plufieurs peuvent fervir à faire des boutons de
manches : en tout dix-fept morceaux.

.. 2   488 Vingt autres, *idem*.

15   489 Quatre-vingt-trois pierres de Lapis, Jafpe, Cornaline, Agathe,
dont plufieurs arborifés, & autres
de Cailloux ; deux petits Emaux,
& deux Malaquites.

PIERRES FIGURÉES.

2   490 Un morceau d'Agathe, reprefentant & formant un pouce ; il eft
monté en cuivre.

4 15   491 Une plaque d'Agathe, montée en
argent, dans laquelle on croit voir
un Cerf & des Infectes de différentes efpeces.

6   492 Autre montée *idem*, fa forme eft

ovale : on y voit une Chenille des
Indes.

493 Autre montée en cuivre, où est   3 . 13
un Oiseau étranger accroupi.

494 Deux plaques d'Agathe de forme   5
presque ronde : Dans l'une on croit
voir une petite Sainte Thérese en
méditation ; & dans l'autre deux
Oiseaux Chinois : l'un vu par le
dos, & partie de l'autre de profil.
Elles sont montées en argent.

495 Deux autres montées en argent ;   5
l'une de forme ronde, dans laquelle
on voit des vermisseaux; l'autre tail-   1
lée en cœur, où sont representés des
Caracteres Hebraïques.

496 Une plaque d'Agathe de forme   5 . 14
ovale, montée sur cuivre : elle represente une chasse ; & une autre
un Polypier : elle est montée en
argent.

497 Trois morceaux d'Agathe mon-   6
tés en cuivre, dont un où il semble
que l'on voit une Urne.

498 Trois autres, dont un monté en   4 . 5
argent : qui represente un Masque.

499 Une petite boîte d'Agathe, mon-   8 . 4
tée à Filigrane : sur son dessus on
croit voir un Vaisseau à la voile :
une petite plaque d'Agathe agréa-

ble non montée, sur laquelle on voit entr'autre chose un poisson dans un plat.

7 - 4   500 Une grande plaque d'Agathe, ou se voit la tête d'un Singe.

16 . 5   501 Trois plaques montées en cuivre; la premiere represente deux Singes, dont un coëffé & habillé ; la seconde, un tête de veau dépouillée; & la troisieme, un Turc.

9 . 19   502 Quatre autres, dont une non montée, sur laquelle on voit un Gigot de mouton.

13 . 8   503 Une de forme ronde, representant la tête de Saint Pierre ; ce morceau est en réputation.

12   504 Deux plaques d'Agathe, dont une montée en argent, dans laquelle on voit une figure dans une chambre ornée à la Chinoise : une jolie plaque non montée ; elle a des accidens agréables.

11   505 Cinq autres montées en cuivre; dans une on voit le buste d'une Femme coëffée, d'un dessein gigantesque, comme faisoit Bélange. Et dans une autre, un Homme qui semble être enveloppé dans sa robbe de Chambre.

BAGUES DE PIERRES FINES & AGATHES
ARBORISÉES, MONTÉES EN OR.

506 Une Topase du Bresil, de bonne
couleur ; sa forme est ovale. — 40

507 Une autre Topase, aussi du Bresil, de forme presque quarrée, montée avec deux Diamans taillés en
rose. — 48 . 1

508 Autre Topase du Bresil, de forme
agréable. — 36

509 Un joli Rubis du Bresil, de forme
ronde ; il joue le Diamant couleur
de Rose. — 60

510 Autre Rubis du Bresil, de forme
ovale. — 40

511 Un beau Grenat rouge. — 19

512 Autre Grenat, de forme ronde &
agréable. — 52 - 5

513 Une grande Hyacinthe à huit
pans, montée à jour. — 36 - 10

514 Un Diamant jaune, entouré de
neuf autres de même espece & couleur. — 121 - 2

515 Une Chatoïante, orientale. — 29

516 Une grande Turquoise, de nou-
velle roche ; sa forme est ovale. — 47 - 1

517 Une Opale. — 24

518 Un Rubis-Ballet, avec deux Diamans brillans. — 58 - 5

30 1 519 Une Agathe arborifée d'une affez belle eau, fur laquelle on voit un petit Arbre tenant à une Souche; la dégradation des teintes s'y trouve autant bien que peut le produire l'effet de nature.

26 1 520 Une grande Agathe arborifée, entourée de pierres jaunes de compofition.

20 521 Une autre entourée de pierre verte, auffi de compofition.

10 2 521 *bis*. Le Bufte d'un Empereur, gravé fur Cornaline.

16 1 522 Le Bufte d'une Impératrice, auffi gravé en creux fur Cornaline.

12 3 522 *bis*. Une Camée.

BAGUES D'**A**GATHES ARBORISÉES, MONTÉES EN **A**RGENT ET CUIVRE.

20 1 523 Deux Agathes; l'une reprefente un Panache de Mer, & l'autre un petit Arbriffeau.

6 523 *bis*. Deux autres, l'une des Litophytes, & l'autre un Paifage vaporeux.

9 10 524 Deux autres, dont une Plante.

6 5 524 Deux *idem*. Dans l'une, on voit diftinctement une Ifle fablonneufe d'un fond rougeâtre, fur laquelle

font de petits arbres; & dans l'autre
une Tour ruinée, avec arbriffeaux.

526 Deux Agathes; l'une indique plu-fieurs Plantes de même efpece; l'autre un petit Arbre fur un terrein rouge.	7	16
527 Deux autres Agathes.	4	19
528 Deux *idem*.	4	12
529 Quatre autres Agathes arborifées.	12	1
530 Quatre autres, auffi arborifées.	6	16
531 Quatre *idem*.	7	16
532 Trois autres.	7	
533 Quatre autres, dont deux fingu-lieres.	6	8
534 Quatre Agathes ayant de jolies ar-borifations.	7	
535 Cinq autres, dont une fur laquelle on voit une Plante de Mer.	7	2
536 Quatre *idem*.	7	4
537 Cinq Agathes arborifées, variées de couleurs & d'accidens.	8	1
538 Trois autres arborifées.	16	
539 Cinq *idem*.	7	
540 Cinq autres.	6	1
541 Cinq Agathes arborifées.	8	6
542 Six autres.	7	
543 Six *idem*.	5	16
544 Six autres.	6	1
545 Une grande Agathe ovale, en-chaffée en cuivre.	10	6

C v

546 Une autre grande de forme ronde, où se voient des branchages d'arbres.

547 Une autre de forme ovale, avec accidens.

548 Deux Agathes arborisées.

549 Deux autres, dont une herbée.

550 Trois autres Agathes avec accidens.

551 Quatre autres *idem*.

552 Une grosse Agathe herbée montée en argent; une Sardoine, & deux Cailloux singuliers.

553 Six autres: savoir, deux Cornalines, l'une blanche, l'autre rouge; deux Agathes arborisées, & deux Cailloux agréables.

AGATHES FIGURÉES, MONTÉES EN BAGUE.

554 Le Buste d'un homme portant une coëffure pittoresque.

555 Un Soldat Gaulois en sentinelle.

556 Quatre Agathes sur lesquelles on croit voir différens Animaux.

557 Deux *idem* Sur l'une un sujet singulier, & sur l'autre un Chien barbet.

558 Deux autres où sont des Poissons; un Jaspe fleuride.

559 Trois autres : une Chenille , un Poisson & un Marteau.   9   2

560 Un Jaspe fleuri & trois Agathes ; une représentant l'Oiseau de Paradis ; la seconde , deux aîles de Papillon , & la troisieme un petit baril.   14

561 Une Chenille , un numéro 17 , & deux autres Agathes.   7 . 3

Agathes arborisées & autres Pierres , dont plusieurs sont gravées en creux , d'autres le sont en relief : elles sont toutes montées ; les unes en argent , les autres en cuivre.

562 Quatre petites arborisées , rouge.   4   9
563 Quatre autres , *idem.*   5 . 19
564 Quatre autres.   3   12
565 Quatre *idem.*   3
566 Quatre autres.   3 . 16
567 Quatre arborisées , rouge , & une autre Agathe.   4   12
568 Quatre Agathes différentes representans des yeux de Chats.   6
569 Quatre œils de Chats , dont un double.   7 . 10
570 Quatre autres variés de couleurs.   6

8 . 12   571 Quatre autres ; dont trois , yeux de Serpent ; & un , double œil de Chat.

6 . 10   572 Quatre autres Agathes reprefentant des yeux, dont un double ; plus un œil de Serpent.

10 . 19   573 Cinq autres très jolies & variées de couleurs ; deux font montées en argent.

7 . 10   574 Un Jafpe d'Egypte , une Crapaudine , un double Œil , deux yeux de Chat , & un œil de Serpent.

8   575 Trois yeux de Chat , un double Œil , & une petite Chatoyante.

8   576 Deux doubles Yeux, dont un fingulier , qui femble reprefenter le Soleil & la Lune dans des nuages , deux yeux de Chat , & une autre Pierre.

7 . 6   577 Deux Cornalines blanches , un œil de Chat, deux yeux de Serpent, & une autre Agathe.

3 . 19   578 Six yeux de Chat.

4   579 Trois yeux de Serpent , un œil de Chat , & deux autres Agathes.

6   580 Deux Agathes herbées , une Hyacinthe, un Œil , & deux autres Agathes, dont une arborifée.

3 . 3   581 Un Jafpe d'Egypte , dans lequel on croit voir une petite tête.

582 Quatre autres.   5   ,

583 Deux Jaspes d'Egypte, une Aga-   4
the arborilée, & un Caillou fingulier.

584 Une Malaquite, & deux Agathes   5 .   5
rayées, dont une très jolie.

585 Deux Jaspes fleurides, une Aga-   5 .   19
the orientale, & deux autres Aga-
thes.

586 Deux Agathes, un Jaspe univer-   6 .   6
fel, & deux Criftaux.

587 Deux Agathes, une Prime d'Eme-   12
raude, & trois Criftaux.

588 Deux Agathes, & trois Cailloux,   12 . 18
dont deux à Etoiles.

989 Une Cornaline, une Pierre de   4
Lune tirant fur le bleu, une Mar-
caffite, & quatre différentes Agathes.

590 Cinq Agathes, dont trois taillées   5 .   6
en cœur, & une Cornaline.

591 Quatre Agathes, & deux Crif-   4   ,
taux.

592 Une Prime d'Améthifte, une   9 . 19
Turquoife, & deux Lapis.

593 Quatre Criftaux dans lefquels fe   7 .   4
trouvent des Minéraux, deux font
montés en argent.

594 Un Jaspe verd gravé en creux, &   22
fix autres Pierres, dont quatre en

relief repreſentans des Buſtes d'Em-
pereurs & d'Impératrice.

11 595 Deux Taliſmans gravés ſur Sardoine, deux Têtes d'Enfant gravées
en relief ſur Agathe, un Jaſpe fleuri, & une Sardoine gravée en creux.

18 1 596 Une groſſe Turquoiſe, que l'on
croit d'ancienne roche.

18. 5 597 Une petite Opale, montée en argent.

6 2 598 Un petit Saphire blanc.

10. 1 599 Un beau Grenat rouge, taillé de
forme octogonne.

15 600 Un Grenat Syrien, de la belle
couleur.

6 1 601 Une Chatoyante.

6 602 Une belle Sardoine imitant la
vermeille.

6 603 Une autre Sardoine de forme
ovale.

17 604 Deux Peridaux, un Aigle marine,
& un Rubis Spinel.

10. 8 605 Deux Topaſes, l'une d'Allema-
gne, l'autre d'Inde; un Amethiſte
& un petit Grenat rouge.

6. 10 606 Trois Amethiſte & une Topaſe
du Breſil.

12. 15 607 Une Emeraude, une Jacinthe,
un Grenat & une Amethiſte.

6 608 Un Saphir & un Perideau orien-

raux, une Emeraude, & deux Amethiftes.

609 Deux Saphirs d'Orient, dont un   12
clair fur feuille bleue ; une petite
Topafe d'Inde, deux Amethiftes &
une Perle.

610 Une grande Pierre bleue de com-   4
pofition.

PIERRES FINES NON MONTÉES.

611 Six Turquoifes, dont trois de   7
vieille roche.

612 Deux Pierres de Lune, deux Af-   9
troïtes, une Agathe claire, une Ru-
baffe, & une Opale.

613 Deux Sardoines, une Onix, cinq   5 - 19
Pierres chatoyantes, un Cailloux
Onix, & un Jafpe fanguin.

614 Un Pâté de différentes Perles, &   3
une Nacre de mer-perle.

615 Quatre Emeraudes, cinq Topa-   13 - 16
fes, une petite Jacinthe, dix Amethiftes, huit petites Pierres de l'efpece d'Opale & Jerafolles, & deux
petits Jafpes.

616 Trois Primes d'Emeraude, une   6 - 18
Turquoife, avec des accidens, une
Malaquitte taillée en cœur, & une
Pierre étoilée.

15 . 2   617 Une partie de Rubis, une de Grenat & Vermeille.

7 . 16   618 Un gros morceau de Prime d'Emeraude brutte.

3 . 19   619 Autre morceau de Prime d'Emeraude, taillé en cabochon.

24 . 2   620 Deux grandes Jacinthes gravées en creux ; sur l'une est representé le Buste d'un Empereur ; sur l'autre celui d'une Impératrice.

18   621 Un joli petit rubis, & une Emeraude.

24 . 1   622 Trois jolies petites Opales, un Diamant, un Saphir, un Peridau, un Grenat rouge, une Amethiste, une Topase, & une petite Pierre de Lune Orientale.

19   623 Une paire de Boutons de Jaspe fleuri, montée en argent doré.

7 . 19   624 Un Reliquaire de Cristal de Roche, taillé en cœur & monté en or.

5 . 5   625 Cinq Saphirs d'Orient, & deux Emeraudes.

9 . 2   626 Des pierres & des grains de Cornaline, Onix, Lapis, Ambre, &c.

11 . 1   627 Cent Pierres de différentes formes & grosseurs, d'Amethiste, Grenats, Saphirs d'eau, Vermeille & autres.

12   628 Un morceau de Jade representant une espece de fleur sur une feuille,

un petit Rubis s'y trouve enchaſſé;
plus le Buſte d'un Maure en argent,
doré & émaillé.

629 Un petit Diamant, des Grenats,   10 · ſ
     Saphirs, Rubis-ballet, Turquoiſes,
     Emeraudes, &c. en tout quarante-
     quatre pierres, ſur cire, dans une
     boîte d'ivoire.

630 Une grande Agathe Onix, ſur la-   40 · ſ
     quelle eſt gravé en relief Notre-
     Seigneur tenant un Livre : il eſt à
     mi-corps, & vu de face.

631 Un Droguier garni de trente-cinq   40 6
     petites Bouteilles, dans leſquelles
     ſont des Agathes, Rubis, Grenats,
     Jacinthes, Saphirs, &c.

PIERRES DE COMPOSITION, CRISTAUX,
     CRISTALISATIONS, &c.

632 Quatre boîtes d'Ivoire, contenant   9   1
     ſoixante-ſix pierres de compoſition
     de différentes couleurs.

633 Deux Boîtes ou Tabatieres avec   12 · 1
     leurs couvercles, l'une d'une forme
     ovale, l'autre octogonne : un cœur
     monté en argent, une Croix, &
     deux autres morceaux : le tout de
     Criſtal de Roche.

634 Un grand Vase en Gondole, neuf Cuvettes, trois Etoiles, & deux autres morceaux aussi de Cristal de Roche.

635 Onze morceaux de Cristal de Roche; savoir, une Loupe tirant sur la Gérasolle, trois Plaques, trois cuvettes & quatre petits Vases.

636 Seize morceaux de Cristaux de Roche où il se trouve differens accidens. Cet article est intéressant par sa variété.

637 Trois plaques de Cristal de Roche, un Cristal brute avec du minéral, & sept autres morceaux de Cristaux, deux Fluors, & un Cailloux.

638 Sept morceaux de Cristal de Roche, avec accident; un Cristal brun; un autre d'Islande, & quatre Cristallisations.

639 Quinze morceaux de Cristal de Roche chevés; une Boule, & une Pendeloque.

640 Trois morceaux de Cristallisations à Aiguilles & à Canons, & deux morceaux de Cristal, l'un brun, l'autre blanc.

641 Un morceau de Canon, & une

cuiller de Criftal de Roche ; deux Criftallifations, un Fluor , &c. en tout dix pieces.

642 Un petit morceau de Mine , quatre Criftallifations, & un joli groupe de tige à canon , de Criftal de Roche. 12

643 Un morceau de Prime d'Amethifte , trois de Criftal , & un morceau de compofition noire. 7 6

644 Un morceau de Criftal noir , & un ambré , du Brefil. 36 5

645 Des Cailloux d'Egypte & de Medoc criftallifés , & plufieurs morceaux de Criftallifations. 2 . 4

646 Quinze autres morceaux , dont un un tirant fur la Cornaline. 2 10

647 De l'Antimoine, de la Lave du Mont Vefuve & autres Morceaux curieux ; en tout onze pieces. 3

648 Treize morceaux de différentes Mines, & Charbons. 2 10

BOIS PÉTRIFIÉS, AGATHIFIÉS, ET EN NATURE.

649 Cinq morceaux de Bois agathifiés & polis , dont deux racines de Buis. 7 . 6

650 Sept autres , dont un de Rofe. 6

8 . 10 651 Un de Chêne, un de Sapin d'Hollande, & cinq autres morceaux.

7 . 3 652 Cinq morceaux de Bois agathifiés & polis, dont un d'Ebene, & un de Palissandre.

4 . 5 653 Neuf morceaux & plaques de Bois agathifiés, dont plusieurs de Rose.

10 654 Un morceau de Bois de la Chine; deux autres où il se trouve des vers, & un morceau agathifié dont on fait un grand cas.

2 655 Six morceaux de différens Bois pétrifié, & une Bélemnite agathifiée.

2 . 6 656 Une racine avec cristalisation, une Bélemnite, & six morceaux de bois; le tout pétrifié & agathifié.

48 657 Cent trente deux petits échantillons de Bois des Païs Etrangers & de France.

ECHANTILLONS DE MARBRE.

14 5 658 Deux cens soixante & douze morceaux de différens Marbres d'Italie, de Flandre & de France.

ANIMAUX, OISEAUX, &c.

240 659 Un Brochet, six Animaux à qua-

105 19 foule de papillons et Insectes

tre pattes , & soixante - deux Oiseaux , bien conservés & des mieux
choisis , chacun dans leur espece.
Quatre Boîtes de Bois de Chêne qui
servent à les renfermer , se joignent
ensemble & forment un corps d'Armoire vitrée qui porte trois pieds
quatre pouces de haut , sur sept pieds
huit pouces de large. Le tout sera
vendu d'un seul article, s'il se trouve
des Enchérisseurs.

660 Un Colibri dans un Bocale , &
douze autres Bocaux contenant des
Mineraux , Fruits , Plantes , Coquilles , &c.

661 Une Armoire renfermant des
Marbres , Cailloux , Poissons , Coquilles , & autres objets qui seront
divisés en plusieurs articles.

MEUBLES , BIJOUX , BRONZES , &c.

662 Un Cabinet de Bois de Palissan-
sandre orné de Marqueterie , garni
de deux tiroirs en haut & de deux
en bas. Entre ces tiroirs sont deux
portes , qui , en les ouvrant , se bri-
sent pour prendre place dans les cô-
tés. Elles renferment vingt-deux tiroirs. Il y a sur le dessus de ce Cabi-

binet, une Table de très beau marbre feracolin. Ce morceau d'Ouvrage qui eft fait avec tout l'art, la propreté & la folidité poffible, eft de feu M. *Ebeine*, Ebenifte du Roi : il porte deux pieds onze pouces de haut, fur quatre pieds fept pouces de large, & dix-neuf pouces & demi de profondeur.

663. Un Corps de Bibliotheque qui a dans fon milieu deux battans de Porte de bois de Chêne garni de quatre grands Verres blancs : le tout enfemble porte neuf pieds un pouce de haut, fur treize pieds deux pouces de large.

664 Plufieurs petits Médaillers, & coffres, garnis de tiroirs en bois de noyer & autres : ils feront divifés en plufieurs articles.

665 Une groffe Montre à boîte d'argent faite par *Hanet & Gouchon*, à Paris : elle marque les heures, les jours de la Lune & ceux du mois ; un cartel de cuivre à quatre pieds qui la renferme, a fur fon deffus un Chinois tenant un Paraffol.

666 Deux Flaccons de criftal garnis en argent, & deux Caffollettes d'argent, renfermés dans un petit coffre de chagrin.

667 Une très belle Applique avec sa
Pendeloque composée de plus de
soixante-quinze Diamans : elle est
montée avantageusement, & de forme agréable.

668 Plusieurs petits Bijoux qui seront
divisés lors de la Vente.

669 Deux Bronzes montés sur des
pieds de bois noircis : l'un repré-
sente un Crocheteur, & l'autre un
Porte-Panier.

670 Dix-sept feuilles de Plantes &
Oiseaux faites à la Chine : elles sont
montées sous verres & en bordure
dorée.

671 Six Plantes marines, sous verres
& bordures : deux sont dorées, les
autres en bois noirci.

672 Un grand morceau de pierre de
Florence, représentant un Paysage.

673 Plusieurs Tableaux, dont un de
François Franck

674 La Conchyliologie, *ou* l'Histoire
des Coquillages, par M. *d'Argenville*, reliée en maroquin. Cet
exemplaire est un de ceux dont M.
de Bure, l'aîné, Libraire, Quai des
Augustins, à l'Image Saint Paul, a
donné avis aux Amateurs de l'His-

toire Naturelle, qu'il avoit fait colorié par un Artiste habile, d'après les Coquilles mêmes : elles sont effectivement peintes de façon qu'il ne semble s'y trouver rien à desirer.

675 Un Ecran & plusieurs Ustensiles à l'usage des Chinois.

676 Plusieurs figures de terre cuite & de plâtre.

F I N.